LA ECONOMÍA

CARLA MOONEY

Britannica®
Educational Publishing

IN ASSOCIATION WITH

ROSEN
EDUCATIONAL SERVICES

Published in 2018 by Britannica Educational Publishing (a trademark of Encyclopædia Britannica, Inc.) in association with The Rosen Publishing Group, Inc.
29 East 21st Street, New York, NY 10010

Distributed exclusively by Rosen Publishing.
To see additional Britannica Educational Publishing titles, go to rosenpublishing.com.

First Edition

Britannica Educational Publishing
J.E. Luebering: Executive Director, Core Editorial
Andrea R. Field: Managing Editor, Compton's by Britannica

Rosen Publishing
Nathalie Beullens-Maoui: Editorial Director, Spanish
Esther Sarfatti: Translator
Carolyn DeCarlo: Editor
Nelson Sá: Art Director
Michael Moy: Series Designer
Raúl Rodriguez: Book Layout
Cindy Reiman: Photography Manager
Nicole Baker: Photo Researcher

Library of Congress Cataloging-in-Publication Data

Names: Mooney, Carla, 1970- author.
Title: La economía / Carla Mooney, translated by Esther Sarfatti.
Description: New York : Britannica Educational Publishing in Association with Rosen Educational Services, 2018 | Series: Explora América Latina | Audience: Grades 5-8. | Includes bibliographical references and index.
Identifiers: ISBN 9781538301029 (library bound : alk. paper) | ISBN 9781538301050 (pbk. : alk. paper) | ISBN 9781538301043 (6-pack : alk. paper)
Subjects: LCSH: Latin America--Economic conditions--Juvenile literature. | Economic development--Latin America--Juvenile literature.
Classification: LCC HC125 .M6146 2017 | DDC 338.98--dc23

Manufactured in the United States of America

Photo credits: Cover, p. 20: Martin Bernetti/AFP/Getty Images; pp. 4-5, 9, 18, 25, 32, 39 (background) f11photo/shutterstock.com; p.4 Getty Research Institute/Science Source; pp. 5, 11 Encyclopaedia Britannica, Inc.; p. 7 Christopher Corr/Ikon Images/Getty Images; p. 10 Cultura RM Exclusive/Philip Lee Harvey/Getty Images, pp. 14-15 Stockbyte/Thinkstock; p. 16 Robert Harding Picture Library; p. 19 © Andrey Plotnikov/Fotolia/Encyclopaedia Britannica; p. 21, 30, 40 Bloomberg/Getty Images; p. 22 Pav Jordan/Reuters/Newscom; p. 26 Jo Kearney/Corbis Documentary/Getty Images; p. 27 John Seaton Callahan/Moment/Getty Images; p. 28-29 Joe Raedle/Hulton Archive/Getty Images; pp. 34-35 Venturelli Luca/Shutterstock.com; p. 36 The Asahi Shimbun/Getty Images; p. 41 cokada/E+/Getty Images; p. 43 Robert Daemmrich Photography Inc./Sygma/Getty Images; back cover By Filipe Frazao/Shutterstock.com.

CONTENIDO

INTRODUCCIÓN

La región de América Latina se extiende por todas las Américas al sur de la frontera de Estados Unidos, e incluye México, América Central, América del Sur y las Antillas. Cubre aproximadamente un 15% de la Tierra. Dispone de una diversidad de terrenos, como selva tropical, desierto y sabana. Los países más grandes de América Latina en cuanto a superficie son Brasil, Argentina, México, Perú, Colombia, Bolivia, Venezuela y Chile. Históricamente sus economías se han basado en la producción de productos tradicionales como el aceite, la plata y el maíz. En años más recientes, el crecimiento del sector servicios y la manufactura han jugado un papel mayor en sus mercados en general.

Desde finales del siglo XV hasta el siglo XVIII, Portugal y España controlaron la mayor parte de América Latina continental. España, los Países Bajos, Gran Bretaña y Francia controlaron varias islas del Caribe. A principios del siglo XIX, los movimientos independentistas se extendieron por casi toda

Este mapa español del siglo XVI muestra la región que actualmente es México. La mayor parte de América Latina fue gobernada por España o Portugal.

América Latina se extiende desde México, en el norte, hasta la punta de América del Sur; e incluye a todos los países que componen América Central, América del Sur y las Antillas.

América Latina. Hoy en día, la mayor parte de los países latinoamericanos son independientes, aunque algunas islas de las Antillas siguen perteneciendo a países europeos.

Después de conseguir su independencia, muchos países de América Latina se convirtieron en repúblicas. Tomaron como modelo los gobiernos del norte de Europa y de Estados Unidos. Muchos países sufrieron inestabilidad política, ya que sus gobiernos nacionales cambiaban con frecuencia. Esta inestabilidad también afectó a la economía de la región. Muchos países se esforzaron por encontrar fuentes de ingresos para pagar los nuevos gastos militares y gubernamentales. A menudo estos gobiernos tenían dificultades financieras.

En el siglo XIX, la industrialización se extendió por Europa y América del Norte. Los países industrializados recurrieron a América Latina para conseguir materias primas. Hacia la segunda mitad del siglo XIX, América Latina se había convertido en un exportador importante de materias primas. La mayoría de los países latinoamericanos solo exportaban uno o dos productos principales (normalmente minerales o alimentos) hasta la década de 1950. El hecho de depender de tan pocos productos hizo que estos países fueran vulnerables a los cambios de la demanda global.

Aunque mucha gente habla de América Latina como de una sola región, existen diferencias enormes dentro de la zona. Los latinoamericanos viven en una serie de países independientes, y la geografía y el clima de cada uno puede variar de forma sustancial. Como resultado, las economías de cada país también son distintas. Mientras lugares como México o América Central exportan productos manufacturados, los países de América del Sur son exportadores

Compuesta de muchos países independientes, América Latina es una región diversa y rica en recursos naturales. Cada zona tiene sus propias plantas, animales y recursos autóctonos.

importantes de productos agrícolas, petróleo y minerales, como el hierro.

La mayor parte de las economías de América Latina siguen el sistema capitalista. En este sistema económico, el comercio y la industria normalmente están controlados por empresas privadas. Sin embargo, los gobiernos intervienen en algunos aspectos de la inversión, industria, propiedad de la tierra y comercio.

Hoy en día, la agricultura sigue siendo una parte importante de la economía de América Latina. Aproximadamente una cuarta parte de los trabajadores latinoamericanos trabajan en la agricultura. En algunos de los países más pobres, como Haití y Nicaragua, la cantidad es aún mayor. El sector servicios, en constante crecimiento, forma parte importante de la economía, así como la manufactura. Aun así, América Latina depende fuertemente de la exportación de ciertos productos, lo cual la hace vulnerable a los cambios en la demanda del mercado y los precios mundiales.

CAPÍTULO UNO

AGRICULTURA, PESCA Y SILVICULTURA

La economía de América Latina depende de la exportación de alimentos y bienes primarios, como el café de Brasil y Colombia, la carne de res de Argentina y los plátanos de Ecuador. También sacan beneficio de los ricos recursos pesqueros del mar Caribe y de los océanos Atlántico y Pacífico.

AGRICULTURA Y PESCA

Muchos de los alimentos básicos de América Latina se han cultivado desde tiempos antiguos, entre ellos el maíz, los frijoles y la calabaza en México y América Central; la quinua, el maíz y las papas en los Andes; y la mandioca y los cítricos en las selvas tropicales bajas. El arroz y los plátanos son alimentos indispensables en la dieta latinoamericana.

La exportación de materias primas y alimentos es una parte esencial de la economía de América Latina. Entre 2012 y 2014, la región exportó aproximadamente el 16%

de la producción mundial de alimentos y productos agrícolas. Las fértiles tierras altas de Brasil, México, Guatemala y Colombia los han convertidos en algunos de los principales productores mundiales de café. Brasil es el mayor exportador de café del mundo, habiendo producido 2,594,100,000 kilos de granos de café solamente en 2014. Ecuador, México y Perú también son líderes en la producción de cacao, el cual se utiliza para hacer chocolate.

Algunos alimentos básicos cultivados en Perú y usados en su cocina tradicional. Muchos de los alimentos básicos de América Latina se han cultivado durante siglos y siguen formando parte importante de las economías locales.

En las regiones tropicales, como Ecuador y Brasil, los agricultores cultivan alimentos como aguacate, piña, gua- yaba y anacardos. La caña de azúcar y los plátanos se cultivan por todas las Antillas. Además de los cultivos, los granjeros latinoamericanos crían y exportan ganado. Brasil, Argentina, Mé- xico y Uruguay envían cientos de millones de reses, cerdos y ovejas a mercados locales y extranjeros.

La lana que producen las llamas es muy suave y no contiene lanolina, por lo que se utiliza en la producción de textiles de alta calidad en todo el mundo.

En las zonas cálidas y secas de América Latina, los agricultores siembran cultivos que necesitan mucha agua, como el arroz y el algodón. En los climas más fríos cerca del sur de Argentina y Chile, así como en la cordillera de los Andes, se cultivan la quinua y cientos de variedades autóctonas de papas. Además, los rancheros crían ovejas,

(Continúa en la página 13)

DEFORESTACIÓN

En la cuenca del Amazonas y otras regiones tropicales, se han ido talando selvas tropicales centenarias para liberar más tierra para la agricultura y ganadería. A menudo esto se hace con un procedimiento llamado agricultura de roza y quema.

Primero se cortan todas las plantas y se les quita la corteza a los árboles. Una vez que los árboles y las plantas se han secado, se les prende fuego. La ceniza obtenida devuelve los nutrientes de los árboles y las plantas a la tierra. Sin embargo, las fuertes lluvias a menudo se llevan los nutrientes en pocos años y los agricultores deben buscar nuevas tierras para sus cultivos.

Los ganaderos también utilizan el método de roza y quema para despejar tierras para su ganado. Después siembran hierbas para que el ganado pueda pastar. Al cabo de unos cuatro años, las hierbas dejan de crecer y los ganaderos deben buscar tierras nuevas. Las que dejan atrás suelen ser tan áridas que no se pueden cultivar. La selva tropical puede tardar hasta 50 años en volver a crecer. Además de la agricultura y la ganadería, la industria maderera también tala árboles para producir maderos y otros productos.

En muchos casos, la deforestación tiene consecuencias devastadoras para el medio ambiente. Las selvas tropicales contienen alrededor del 50% de las especies de plantas y animales de la tierra. Al des-

truir su hábitat, algunas de ellas podrían desaparecer. Además, la deforestación afecta al clima. Talar las selvas tropicales puede resultar en un clima más seco y cálido, ya que hasta el 30% de la lluvia que cae en ellas se recicla de forma natural y vuelve a la atmósfera. Y puesto que las plantas usan dióxido de carbono (un gas de efecto invernadero que atrapa el calor) para producir oxígeno, la deforestación puede resultar en más dióxido de carbono en la atmósfera. Esto podría causar cambios en el clima y en los niveles de los océanos. Para muchos latinoamericanos, preservar y conservar los recursos de la selva se ha convertido en algo prioritario.

llamas, alpacas y vicuñas en los climas fríos. Estos animales se crían por su carne y su lana, la cual se usa para hacer textiles de alta calidad que se exportan a todo el mundo.

SILVICULTURA Y PESCA

En las regiones tropicales de América Latina, la silvicultura juega un papel valioso en la economía. La silvicultura es el conjunto de técnicas que sirven para gestionar y utilizar los recursos naturales de los árboles y demás vegetación forestal. Muchas especies de árboles, como la caoba o el palo de rosa, crecen en las selvas tropicales cerca de la cuenca

Una densa capa de humo cubre la selva tropical cuando los agricultores utilizan el método de roza y quema para prender fuego a los árboles y preparar la tierra para sembrar sus cultivos.

del río Amazonas. Estos árboles se talan y se exportan a otros países. Los fabricantes usan la madera para hacer suelos y muebles de madera. En algunos países, como Chile, existen plantaciones enteras de árboles. Allí convierten los árboles en virutas de madera, contrachapado y pulpa de papel para exportar.

La madera de los árboles de categoría inferior forma parte importante del mercado de construcción latinoamericano. Los eucaliptos crecen rápidamente y pueden usarse como material de construcción de bajo costo. Muchas comunidades latinoamericanas también utilizan la madera de eucalipto como combustible.

Las aguas de las costas de Perú, Chile y Ecuador tienen algunos de los mejores bancos pesqueros del mundo. La corriente de Perú fluye hacia el norte por la costa del Pacífico desde el sur de Chile hasta el ecuador. Esta corriente fría causa el

Estos pescadores recogen boquerones cerca de la costa de Perú. Muchos países latinoamericanos que bordean el océano Pacífico dependen de sus bancos pesqueros como recurso económico.

afloramiento de las aguas profundas del océano, llevando nutrientes hacia la superficie. Con la ayuda de la luz solar, estos nutrientes permiten que crezca abundante plancton. En estas aguas vive una gran variedad de animales marinos, desde ballenas hasta camarones. Por esta razón, muchos países de América Latina cuyas costas dan al Pacífico dependen de la pesca. Chile es uno de los principales productores de salmón y trucha cultivados. Ecuador es un importante exportador mundial de camarones. En Perú y Chile, los boquerones se procesan para obtener harina de pescado, la cual se utiliza para fabricar piensos y fertilizantes.

UNA POSICIÓN ARRIESGADA

En algunos lugares de América Latina, la economía depende en gran parte de la exportación de unos pocos productos. Para estos países, tal dependencia puede ser arriesgada. Los desastres naturales, como huracanes, sequías o inundaciones, pueden arruinar los cultivos de la temporada, resultando en graves dificultades económicas para la gente. Además, los cambios en la demanda mundial o en los precios de los productos pueden afectar a las economías locales. Cuando la demanda y los precios suben, la economía prospera y crece; pero si la demanda o los precios caen, la economía normalmente sufre.

CAPÍTULO DOS

RECURSOS NATURALES

América Latina es una región rica en recursos naturales. Debajo de las tierras y aguas costeras de Brasil, México y Venezuela existen enormes cantidades de petróleo y gas natural. Bolivia, Argentina, Trinidad y Tobago y Colombia disponen de grandes cantidades de gas natural. Metales preciosos como el oro, la plata, el cobre y el mineral de hierro se encuentran en México, Perú, Brasil, Chile y otros países. Ya sean hierro y oro, o petróleo y gas natural, los recursos naturales de América Latina forman parte importante de la economía de la región.

LA MINERÍA DE METALES

La industria minera es una de las actividades económicas más importantes de América Latina. El territorio de América Latina cubre aproximadamente una sexta parte de la Tierra. Produce gran parte de los tres metales más importantes del mundo: el mineral de hierro, el cobre y el oro.

América Latina posee alrededor de una quinta parte de las reservas mundiales de mineral de hierro. Se conoce como mineral de hierro a las rocas o minerales de los cuales se puede extraer el hierro metálico mediante calor. Dos de los minerales de hierro más importantes son la magnetita y la hematita. Se trata de compuestos químicos que combinan el hierro con el oxígeno. Las industrias del hierro y el acero de todo el mundo dependen del mineral de hierro como materia prima. La mayor parte del mineral de hierro se usa para hacer el arrabio, una materia prima del acero. El acero se utiliza para hacer automóviles, trenes, barcos, vigas de construcción, muebles, clips, herramientas, bicicletas y miles de productos más.

La magnetita es un mineral de hierro con propiedades magnéticas. También se conoce como piedra imán. Varios países de América Latina tienen minas de magnetita y otros minerales de hierro que extraen para exportar a la industria del hierro y del acero.

Con sus enormes depósitos de mineral de hierro, Brasil es el tercer productor mundial de este mineral. En 2015, Brasil produjo 428 millones de toneladas métricas de mineral de hierro. La mina de Carajás en el norte de Brasil es una de las minas más grandes de mineral de hierro del mundo. Produce unas 300,000 toneladas métricas de mineral de hierro cada día.

Además del mineral de hierro, América Latina es uno de los principales productores de cobre. El cobre es un metal que se usa en todo el mundo para hacer material y cableado eléctrico, ya que es buen conductor térmico y resistente a la corrosión. Más del 25% de las reservas mundiales de cobre conocidas se encuentran en América Latina, sobre todo en Chile y Perú. Chile es el mayor productor de cobre

Varios camiones grandes llegan a la mina de cobre de Chuquicamata en Calama, un pueblo del desierto de Atacama en Chile. Esta es la mina de cobre a cielo abierto más grande del mundo.

del mundo, habiendo producido 5.7 millones de toneladas métricas en 2015. La mina de Chuquicamata, en el norte de Chile, es la mina de cobre a cielo abierto más grande del mundo. Mide 2.7 millas (4.3 km) de largo, 1.8 millas (3 km) de ancho y más de 2,780 pies (847 m) de profundidad. Esta mina produce más del 25% del cobre de Chile. Las minas de Perú produjeron 1.6 millones de toneladas métricas de cobre en 2015, lo que pone a Perú en el tercer lugar de los productores más grandes del mundo, detrás de Chile y China.

América Latina también extrae y exporta oro. El oro es un metal precioso que tiene una gran demanda en todo el mundo por su uso en joyería. Hay gente que también compra oro para proteger su patrimonio y gestionar su riesgo

(Continúa en la página 23)

El oro que exporta América Latina se utiliza en el cableado de los chips que están dentro de los teléfonos inteligentes. El oro es un metal conductor, por lo que transfiere eficazmente las señales por la placa base del teléfono.

DAÑO MEDIOAMBIENTAL

En América Latina, la minería ha causado daños al medioambiente. La extracción de metales puede causar erosión y sedimentación, además de contaminar las aguas con productos químicos y otras sustancias tóxicas. El drenaje y enfriamiento de las minas producen grandes cantidades de aguas contaminadas que pueden mezclarse con el agua potable y dañar las tierras agrícolas. En algunas zonas, la minería causa deforestación, la cual destruye ecosistemas, plantas y animales autóctonos.

El glaciar Toro II hace puente entre Chile y Argentina. Se ha demostrado que este glaciar ha sufrido daños y que se está encogiendo por culpa de las aguas contaminadas que llegan de una mina a cielo abierto cercana.

En la frontera entre Argentina y Chile, la mina a cielo abierto Pascua Lama está ubicada cerca de la reserva de la biosfera San Guillermo y de una reserva de agua con glaciares. Se ha demostrado que los tres glaciares han sufrido daños por culpa de la contaminación de las aguas subterráneas. Este daño ha hecho que los glaciares se encojan, lo cual afecta al suministro de agua del desierto seco de Atacama.

En una mina de oro en Panamá, se talaron muchos acres de bosque y vegetación para despejar la tierra y hacer carreteras, helipuertos, campamentos y plantas procesadoras. En muchas comunidades rurales de América Latina, las minas locales han contaminado el aire, el agua y la tierra, destruyendo los recursos naturales de los cuales dependía la gente.

financiero. Además, algunas tecnologías utilizan el oro en su diseño, ya que es un metal altamente conductivo y maleable. Estas propiedades permiten que el oro conduzca señales de forma eficaz por el cableado de los chips que se encuentran en los teléfonos inteligentes. En América Latina, sobre todo en las minas de Perú y México, se produce alrededor del 17% del oro del mundo.

Otros depósitos de metal importantes en América Latina incluyen el estaño, a menudo usado para bañar otros metales; el plomo, que se usa en la construcción y para fabricar baterías y balas; y el zinc, un agente anticorrosivo. El estaño se encuentra principalmente en Brasil, Perú y Bolivia, mientras que los depósitos de plomo y zinc están en Perú, Bolivia, el sur de Brasil y el norte de Argentina.

LA EXTRACCIÓN DE PETRÓLEO Y GAS NATURAL

Algunas regiones de América Latina tienen abundantes depósitos de petróleo y gas natural, los cuales se extraen para usar como fuente de energía y combustible. La mayor parte de la producción de petróleo de América Latina viene de Brasil, Venezuela y México. Estos tres países proporcionaron el 75% de la producción en 2015. Entre los mayores productores de petróleo del mundo, estos países fueron el noveno, el undécimo y el duodécimo, respectivamente.

Brasil tiene enormes reservas de petróleo y gas natural submarinos, sobre todo en el sudeste. Algunas de sus plataformas petrolíferas operan en aguas muy profundas. En Venezuela, la extracción de petróleo y gas es la industria principal del país. Supone aproximadamente una tercera parte de su producto interior bruto (PIB) total, el cual mide la cantidad de riqueza que se produce en un país. Sus mayores depósitos de petróleo y gas se encuentran cerca del lago Maracaibo y en los alrededores de la ciudad de El Tigre. En 2015, Venezuela produjo casi 2.7 millones de barriles de petróleo al día. A partir de ese año, el país tiene reservas comprobadas de casi 298 billones de barriles —las reservas más grandes del mundo—, sobrepasando incluso las de Arabia Saudí (268 billones de barriles) y de Canadá (172 billones de barriles). En Venezuela, la empresa estatal Petróleos de Venezuela, S.A. domina la industria del petróleo. México también está entre los mayores productores de petróleo del mundo. Sus ventas de petróleo representan más de una tercera parte de los ingresos del gobierno federal y una parte considerable de sus ingresos en divisas. La mayor parte de las exportaciones de petróleo mexicanas van a Estados Unidos.

CAPÍTULO TRES

PRODUCTOS MANUFACTURADOS

La mayor parte de los países de América Latina están en vías de desarrollo, lo que significa que están tratando de mejorar su tecnología y técnicas de manufactura. Varios factores han limitado el desarrollo industrial de América Latina. En algunas zonas, como la cordillera de los Andes y la selva amazónica, la geografía física dificulta el acceso a los recursos naturales. Además, la inestabilidad política de muchos lugares limita la cantidad de inversores extranjeros y domésticos dispuestos a invertir en la industria latinoamericana.

CENTROS DE FABRICACIÓN

En algunos lugares, estos retos se han superado a través del establecimiento de centros de fabricación. Normalmente los países que se han podido industrializar son los que tienen un número mayor de trabajadores cualificados, buenas fuentes de energía, redes de transporte y abundantes recursos naturales. México, Brasil y Argentina producen más del 80% de los productos manufacturados de América Latina. México es un productor líder de vehículos, alimentos procesados y textiles. Brasil es un importante fabricante de productos de acero, automóviles, textiles y productos eléctricos. Argentina produce automóviles y carnes procesadas.

La mayor parte de las fábricas están concentradas en las principales áreas metropolitanas, como São Paulo (Brasil) y Ciudad de México. Además, existen muchas plantas de montaje llamadas maquiladoras cerca de la frontera entre México y Estados Unidos. Otras regiones conocidas por su manufactura son Monterrey (México), Caracas (Venezuela) y Buenos Aires (Argentina). Estas ciudades fabrican productos de metal, automóviles, maquinaria, electrónica y otros artículos. Además de los centros de fabricación principales, muchas ciudades de tamaño mediano tienen fábricas de productos alimenticios, cemento, artículos de papel y productos químicos.

Otros países de América Latina también están desarrollando sus

En Cuba, las chimeneas de una fábrica de caña de azúcar despiden humo negro mientras se procesan y refinan las plantas de caña de azúcar para convertirlas en azúcar para exportar.

(Continúa en la página 29)

BARRIADAS URBANAS

Los avances económicos de América Latina durante el último medio siglo han provocado un crecimiento exponencial en muchas de sus ciudades. Este crecimiento ha tenido algunos resultados imprevistos, como la contaminación y el aumento incontrolado de la población.

Muchos trabajadores llegan a las ciudades en busca de trabajo y, al no encontrarlo, a veces acaban en las barriadas de las periferias. Según un informe de 2015, unos 113 millones de personas en América Latina, o casi una de cada cinco, viven en barriadas. Allí las chozas de ladrillos, pedazos de metal y/o madera a menudo se construyen en laderas inclinadas o zonas húmedas. Una avalancha de lodo o una inundación pueden destruir rápidamente un pueblo entero. La mayoría de estas barriadas no tienen instalaciones sanitarias, como agua corriente y alcantarillado. En estas condiciones, las enfermedades se propagan rápidamente.

En este asentamiento superpoblado, ubicado en la ladera de un monte en Río de Janeiro, Brasil, vive gente que trabaja en las fábricas de las ciudad.

Estos trabajadores hacen borlas decorativas para cortinas en una maquiladora de Ciudad Juárez, México. Estas fábricas, que suelen ser propiedad de empresas extranjeras, producen artículos para su exportación.

propias industrias. Puerto Rico fabrica productos químicos y farmacéuticos mientras que Perú exporta suéteres de lana. En Venezuela hay plantas procesadoras que refinan petróleo. Las fábricas de Costa Rica, Chile y Nicaragua producen alimentos procesados y textiles, mientras que los países caribeños de Barbados, Cuba y San Cristóbal y Nevis tienen refinerías de azúcar.

MAQUILADORAS

Durante el siglo XX, algunas empresas estadounidenses y japonesas construyeron plantas de fabricación en América Latina llamadas *maquiladoras*. Estas fábricas se encuentran principalmente cerca de la frontera de Estados Unidos y México. Esto beneficia tanto a las empresas como al país anfitrión. Las empresas extranjeras contratan a trabajadores mexicanos, normalmente con salarios más bajos que en Estados Unidos. México y otros países anfitriones ganan en puestos de trabajo e ingresos de inversión.

Muchas empresas prefieren construir sus fábricas en México porque está cerca de Estados Unidos y Canadá, tiene mucha mano de obra joven, un rendimiento alto y sueldos bajos, además de algunos acuerdos de libre comercio que favorecen la producción y la exportación.

Quienes critican las maquiladoras insisten en que las fábricas a menudo no respetan las leyes laborales y que fomentan la creación de trabajos mal pagados y lugares de trabajo peligrosos. También dicen que estas fábricas no

Esta fábrica en Puebla, México, utiliza brazos robóticos para ensamblar el Volkswagen AG Tiguan, un vehículo utilitario deportivo compacto. En México la producción de automóviles ha aumentado en los últimos años.

siguen las leyes de protección medioambiental y que suelen contaminar y estropear el entorno.

LA INDUSTRIA DEL AUTOMÓVIL EN MÉXICO

Uno de los factores determinantes del crecimiento de la producción en México es la industria del automóvil. Desde 2004, la producción mexicana de automóviles ha aumentado más del doble, de 1.4 millones de vehículos a 3.2 millones en 2014. Se espera que este crecimiento continúe, ya que varias empresas automovilísticas, entre ellas General Motors, Ford, Toyota, Honda, Volkswagen, Audi, BMW, Hyundai y Mazda, tienen planeado abrir nuevas fábricas, aumentando su capacidad y número de puestos de trabajo en México. Según las previsiones, estas nuevas fábricas aumentarán entre uno y dos millones el número de vehículos producidos al año en México. Se prevé que para el año 2020 uno de cada cuatro vehículos producidos en América del Norte se fabricará en México.

Los importantes acuerdos comerciales que ha firmado México con 45 países alrededor del mundo han contribuido a que se le considere un buen lugar para fabricar y exportar a Europa, América del Sur y América del Norte.

CAPÍTULO CUATRO

TURISMO Y SERVICIOS

Un sector de rápido crecimiento dentro de la economía latinoamericana es la industria de servicios. Los trabajadores de este sector no fabrican artículos sino que llevan a cabo acciones. Los maestros, mecánicos de automóviles, barberos, pintores, banqueros y trabajadores domésticos, entre otros, trabajan en industrias de servicios. En América Latina, las finanzas, el turismo, la atención sanitaria, la educación y el gobierno están entre las principales actividades del sector servicios.

VIAJES Y TURISMO

Algunos de los destinos turísticos más espectaculares del mundo se encuentran en América Latina. Los viajeros pueden explorar sus selvas tropicales, estepas, áridos desiertos e impresionantes cumbres nevadas. También ofrece una gran variedad de animales, desde pájaros exóticos hasta grandes felinos. Los amantes de la naturaleza podrán relajarse en sus lindas pla-

Las enormes cataratas del Iguazú, en la frontera entre Argentina y Brasil, están entre las muchas maravillas naturales que atraen a turistas de todo el mundo a América Latina.

yas y explorar sus bosques, mientras que los más aventureros podrán recorrer el Amazonas o subir a la antigua ciudadela de Machu Picchu. Los que siguen las huellas de la historia podrán explorar las ruinas mayas y los pueblos coloniales.

Para muchos países de América Latina, el turismo forma una parte significativa de la economía. Según el Consejo Mundial de Viajes y Turismo, los viajes y el turismo representaron un 9.2% del PIB total de América Latina en 2014, y se prevé que suba en los próximos años. Para varios países latinoamericanos, el turismo es la principal fuente de ingresos. Los turistas gastan dinero en hoteles y restaurantes. También visitan las atracciones locales y compran en los mercados locales. Muchas industrias sacan provecho del turismo, entre ellas los hoteles, agencias de viajes, compañías aéreas y otros transportes, restaurantes, guías de turismo y empresas de actividades de ocio.

Numerosos turistas de todo el mundo acuden a América Latina para pasar sus vacaciones. México, que figura entre los diez mejores destinos turísticos del mundo, recibió 29.1 millones de turistas internacionales en 2014. Brasil, Argentina, la República Dominicana, Chile, Puerto Rico, Perú, Cuba, Uruguay y Colombia también son destinos turísticos populares.

Curiosamente, los viajeros regionales juegan un papel aún mayor en la industria del turismo latinoamericano. Según la Organización Mundial del Turismo, alrededor del 80% de los viajes por turismo realizados en América Latina comienzan y acaban dentro de la misma región, ya que

(Continúa en la página 37)

Unos turistas exploran una pirámide en Chichen Itzá, un destino turístico popular en México. Gracias a sus ruinas mayas, esta zona recibe tanto turistas regionales como internacionales.

LOS JUEGOS OLÍMPICOS DE 2016

La ciudad brasileña de Río de Janeiro albergó los Juegos Olímpicos de Verano en 2016. Unos 434,000 extranjeros viajaron a Brasil, donde gastaron cientos de millones de dólares en hoteles, restaurantes y tiendas locales. Además, 700,000 brasileños se desplazaron a Río para ver los juegos. Algunos de los visitantes se quedaron algunos días más en Brasil después de las Olimpíadas. Millones de personas alrededor del mundo pudieron ver Brasil por televisión. Los funcionarios de turismo brasileño esperan que los juegos hayan servido para que la gente comprobara que Río de Janeiro es una ciudad preciosa ubicada entre mar y montañas. También esperan que, como resultado de los juegos, haya un aumento en el número de turistas que decidan visitar América Latina.

Los espectadores vitorean a los atletas según entran en el estadio Maracaná de Río de Janeiro, Brasil, para la ceremonia de inauguración de los Juegos Olímpicos de Verano de 2016.

los latinoamericanos suelen viajar dentro de sus propios países o a los países vecinos. Ciertamente, las mejoras recientes en las infraestructuras han hecho que sea más fácil viajar entre países, aumentando el turismo regional. Por ejemplo, Ecuador ha hecho fuertes inversiones en sus carreteras, abriendo nuevas zonas del país y reduciendo el tiempo necesario para desplazarse. De esta manera, es más fácil que alguien de Colombia o Perú llegue en auto hasta Ecuador para pasar unos días. Además, algunos países latinoamericanos han reducido los requisitos de visados para sus ciudadanos, facilitando los viajes dentro de América Latina.

BENEFICIOS INDIRECTOS DEL TURISMO

Cuando hay mucho turismo, los negocios e industrias que apoyan al turismo también se benefician. Las compañías de construcción ganan más dinero cuando se las contrata para construir nuevos hoteles o sistemas de transporte. Las empresas que venden suministros para restaurantes se benefician cuando estos compran más platos o frigoríficos, y lo mismo pasa con las empresas textiles cuando los hoteles compran más toallas para sus huéspedes. Además, cuando el Gobierno gasta dinero en mejorar los servicios de información, promocionar el turismo o realizar otros servicios públicos, es bueno para la economía y crea más puestos de trabajo.

En los destinos turísticos populares, los hoteles, restaurantes y compañías de turismo constituyen una fuente importante de puestos de trabajo. Según el Consejo de Viajes y Turismo Mundial, gracias al turismo se crearon

6,361,000 puestos de trabajos de forma directa en América Latina en 2014. Si se incluyen los trabajos creados de forma indirecta, el turismo creó más de 17.6 millones de trabajos en 2014.

OTRAS INDUSTRIAS DE SERVICIOS

Algunas otras industrias de servicios que existen en América Latina son los bancos, las agencias gubernamentales y las oficinas privadas. Estas industrias emplean a un número importante de oficinistas. Además, muchos hogares latinoamericanos de clase media tienen criadas internas. Según la Organización Internacional del Trabajo, hay casi 20 millones de empleados domésticos en América Latina. Esta cifra es cinco veces mayor que las cifras de Europa occidental y América del Norte juntas. En América Latina, la mayoría de estos empleados son mujeres. Una de cada cuatro mujeres trabajadoras de la región es empleada doméstica. La mayoría son mujeres jóvenes de familias de bajos ingresos.

Muchos trabajadores de servicios en América Latina forman parte de la "economía informal", también conocida como la economía sumergida o de mercado negro. Algunos de ellos son vendedores callejeros (de comida, bebida, dulces, etc.), jornaleros agrícolas o de construcción, criados, jardineros e incluso mecánicos de automóviles. Otra actividad de mercado negro es el comercio de drogas ilegales, el cual, desgraciadamente, causa graves trastornos en ciertos países latinoamericanos como México y Colombia, a pesar de los esfuerzos internacionales por erradicarlo.

CAPÍTULO CINCO

FUTURO ECONÓMICO

En la primera década del siglo XXI, América Latina gozó de un sólido crecimiento económico. Disminuyó la pobreza y creció la clase media. Sin embargo, estas mejoras no se repartieron uniformemente por toda la región. De momento, América del Sur y México han hecho más adelantos que América Central y el Caribe. El futuro económico de América Latina dependerá de su habilidad para reducir la dependencia de la exportación de ciertos productos y diversificar su producción e industrias.

REDUCIR LA DEPENDENCIA

A lo largo de los años, la economía de América Latina ha dependido de la exportación de ciertos productos. La mayor parte de ellos son productos básicos que se pueden intercambiar por otros, como las materias primas que se usan en la producción de otros productos o servicios. Algunos ejemplos de estas materias primas son el petróleo, el gas natural, el oro, los cereales y la carne de res. Se considera que un país o región es dependiente de los productos básicos cuando su exportación de materias primas constituye al menos el 60% de sus exportaciones.

A principios del siglo XXI, los precios de las materias primas subieron en todo el mundo. Muchos países de América Latina se beneficiaron al vender sus productos a precios más altos. En gran parte, ese aumento fue debido a la subida de los precios de la energía y los metales, que se triplicaron entre 2003 y 2011. Durante ese tiempo, China fue aumentando su demanda de alimentos, metales y combustible para satisfacer su expansión industrial. Como respuesta a la demanda creciente de China, las exportaciones de América Latina se multiplicaron por 25 entre los

(Continúa en la página 42)

Un carguero lleno de contenedores llega al puerto de Veracruz, México. El crecimiento económico de México se ha ralentizado en años recientes, debido al descenso en la demanda de productos manufacturados y petróleo.

DESIGUALDAD DE INGRESOS

Los ingresos en la mayoría de los países de América Latina son bastante más bajos que los de los países desarrollados. Por ejemplo, los sueldos promedio de Estados Unidos son al menos seis veces mayores que los de los argentinos y los mexicanos, los cuales, a su vez, son diez veces mayores que los sueldos de los haitianos o los nicaragüenses. Asimismo, las disparidades enormes en las riquezas hacen daño a las sociedades desde dentro. Existen enormes distancias entre los ricos y los pobres, aunque vivan unos al lado de otros.

Pese a que América Latina haya conseguido reducir la pobreza en años recientes, sigue habiendo una brecha considerable entre los más ricos y los pobres, y sigue siendo una de las regiones más desiguales del mundo. En 2014, el 10% más rico de los ciudadanos de América Latina poseía el 71% de las riquezas de la región. Entre 2002 y 2015, los billonarios latinoamericanos aumentaron sus riquezas un promedio del 21% al año. Aunque la región en su totalidad gozó de crecimiento económico, en realidad solamente un pequeño número de personas adineradas se beneficiaron de ello.

Como se aprecia en esta vista aérea de Río de Janeiro, los ricos viven en torres modernas de apartamentos mientras que los pobres viven cerca, en barriadas superpobladas.

años 2000 y 2013, llegando a casi $100 billones al año. Hoy día, China es el segundo mercado de exportación más grande de América Latina, solo por detrás de Estados Unidos. Brasil, que exporta mineral de hierro y soja, es el socio comercial más grande de China en América Latina. Argentina, Venezuela, Chile y Perú también exportan soja, aceite, cobre y harina de pescado a China.

Sin embargo, cuando la demanda de China comenzó a disminuir en 2014, los países de América Latina que dependían de estas exportaciones también sufrieron una ralentización económica. Al bajar los precios de las materias primas y la demanda de China, también disminuyeron las exportaciones. América del Sur, como continente, sufrió una bajada del 21% en sus exportaciones en 2015, el tercer año seguido de caída. México y otros países de América Central que habían reducido su dependencia de la exportación de materias primas sufrieron mucho menos. Si América Latina no es capaz de reducir esta dependencia, seguirá estando ligada a los efectos de la demanda mundial y los cambios de precio en el futuro.

ACUERDOS COMERCIALES

Algunos países latinoamericanos han firmado acuerdos comerciales con Estados Unidos y otros países. Un acuerdo comercial es un pacto entre dos o más países para reducir las barreras comerciales, como las cuotas y aranceles de importación. El objetivo de este tipo de acuerdo es aumentar el comercio de bienes y servicios entre los países.

(Continúa en la página 44)

Manifestantes en Austin, Texas, protestan por el Tratado de Libre Comercio de América del Norte (NAFTA), el cual eliminó la mayor parte de los aranceles y barreras comerciales entre Estados Unidos, México y Canadá.

En 1992, México, Estados Unidos y Canadá firmaron el Tratado de Libre Comercio de América del Norte (NAFTA, por sus siglas en inglés). El NAFTA ha eliminado la mayor parte de los aranceles y otras barreras comerciales en los bienes y servicios que circulan entre Estados Unidos, México y Canadá. El pacto creó de forma efectiva un bloque de libre comercio entre los tres países más grandes de América del Norte.

Aunque el NAFTA ha generado crecimiento económico para los tres países firmantes, también ha recibido algunas críticas. El acuerdo no estableció normas medioambientales. Algunas empresas estadounidenses han llevado sus operaciones a México para aprovechar los sueldos más bajos y las normas medioambientales menos estrictas, lo cual ha resultado en perjuicio al medioambiente de México. Además, en Estados Unidos, el NAFTA es responsable de la pérdida de ciertos trabajos en algunos sectores, aunque no ha habido cambios drásticos en los mercados laborales de ninguno de los tres países que firmaron el acuerdo.

Pese a que el NAFTA no haya cumplido todo lo que sus defensores prometían, aún sigue vigente. En 2004, el Tratado de Libre Comercio de América Central (CAFTA, por sus siglas en inglés) resultó en la ampliación del NAFTA para incluir cinco países centroamericanos: El Salvador, Guatemala, Honduras, Costa Rica y Nicaragua. Ese mismo año, la República Dominicana se unió al grupo al firmar un tratado de libre comercio con Estados Unidos, seguida de Colombia en 2006, Perú en 2007 y Panamá en 2011. Los acuerdos futuros podrían reducir las barreras comerciales también para otros países latinoamericanos. Con una circulación de bienes y servicios más fluida, América Latina tendría la posibilidad de diversificar más sus exportaciones y productos.

GLOSARIO

arancel un impuesto sobre bienes que entran o salen de un país.

capitalismo una forma de organizar la economía de manera que la mayor parte de las propiedades y la producción pertenezcan a particulares o a empresas, y no al gobierno.

cuota en el comercio internacional, un límite oficial sobre la cantidad o valor de los bienes y servicios que se pueden importar o exportar a lo largo de un periodo dado de tiempo.

deforestación el acto o resultado de talar o quemar todos los árboles de una zona.

economía el proceso a través del cual se producen, venden y compran bienes y servicios en un país o una región.

inestabilidad el hecho de que exista constantemente la probabilidad de cambio.

infraestructura el equipamiento y estructuras básicas necesarios para que un país, una región o una organización funcionen adecuadamente.

materia prima elemento que viene de la naturaleza y que se utiliza para fabricar bienes de consumo.

producto interno bruto (PIB) el valor total de los bienes y servicios producidos por un país durante un año, sin incluir los ingresos obtenidos en países extranjeros.

productor alguien o algo que cultiva o fabrica ciertos bienes o productos.

república un país que está gobernado por representantes elegidos y un líder (como un presidente).

sector parte de una economía que se caracteriza por ciertos tipos de empleos o empresas.

PARA MÁS INFORMACIÓN

Brooks, Susie. *Brazil* (Land and the People). Nueva York, NY: Gareth Stevens, 2016.

Fabiny, Sarah. *Where Is the Amazon?* Nueva York, NY: Grosset & Dunlap, 2016.

Foley, Erin. *Ecuador* (Cultures of the World). Nueva York, NY: Cavendish Square Publishing, 2016.

Roumanis, Alexis. *Rainforests* (Exploring Ecosystems). Nueva York, NY: Weigl Publishers, 2015.

Senker, Cath. *Mexico* (Land and the People). Nueva York, NY: Gareth Stevens, 2016.

Sirota, Lyn. *South America* (The Natural World). Nueva York, NY: Weigl Publishers, 2014.

VanVoorst, Jennifer Fretland. *The Ancient Maya* (Exploring the Ancient World). North Mankato, MN: Compass Point, 2012.

Wiseman, Blaine. *Argentina* (Exploring Countries). Nueva York, NY: Weigl Publishers, 2015.

Wiseman, Blaine. *Columbia* (Exploring Countries). Nueva York, NY: Weigl Publishers, 2016.

SITIOS DE INTERNET

Debido a la naturaleza cambiante de los enlaces de internet, Rosen Publishing ha elaborado una lista de sitios web relacionados con el tema de este libro. Este sitio se actualiza de forma regular. Por favor, utiliza este enlace para acceder a la lista:

http://www.rosenlinks.com/ELA/economy

ÍNDICE